AF188050

Impressum
Verlag: BABADADA GmbH, Nedderfeld 112 , 22529 Hamburg
Geschäftsführer / Verlagsleitung: Harald Hof
Druck: Books on Demand GmbH, In de Tarpen 42, 22848 Norderstedt

Imprint
Publisher: BABADADA GmbH, Nedderfeld 112 , 22529 Hamburg, Germany
Managing Director / Publishing direction: Harald Hof
Print: Books on Demand GmbH, In de Tarpen 42, 22848 Norderstedt, Germany

iskola

学校

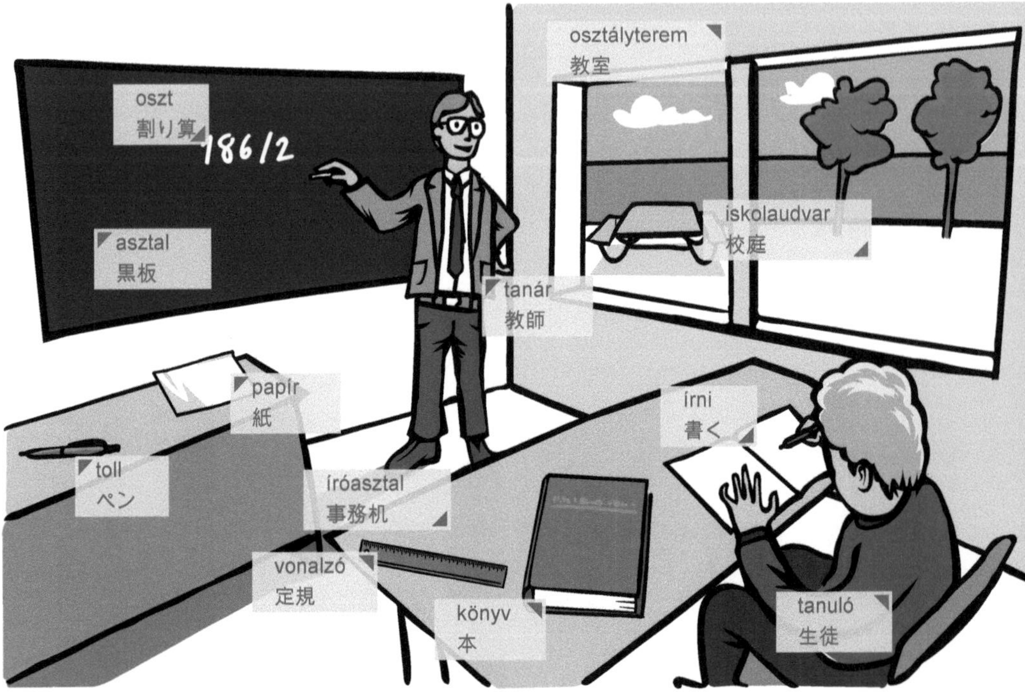
osztályterem
教室
oszt
割り算
186/2
asztal
黒板
iskolaudvar
校庭
tanár
教師
papír
紙
írni
書く
toll
ペン
íróasztal
事務机
vonalzó
定規
könyv
本
tanuló
生徒

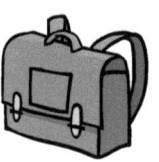

iskolatáska
ランドセル

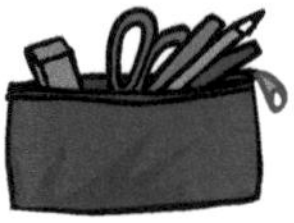

tolltartó
筆入れ

ceruza
鉛筆

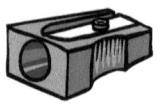

ceruzahegyező
鉛筆削り

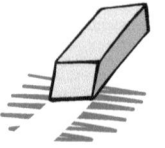

radír
消しゴム

rajzfüzet
スケッチブック

rajz

スケッチ

ecset

絵筆

festőkészlet

絵の具箱

olló

はさみ

ragasztó

接着剤

munkafüzet

練習帳

házi feladat

宿題

szám

数

összead

足し算

kivon

引き算

szoroz

かけ算

számol

計算する

betű

文字

ABC

アルファベット

szó

単語

szöveg

テキスト

olvasni

読む

kréta

チョーク

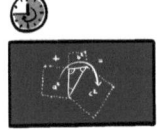

tanóra

授業

napló

学級日誌

vizsga

試験

bizonyítvány

通知表

iskolai egyenruha

制服

oktatás

教育

enciklopédia

百科事典

egyetem

大学

mikroszkóp

顕微鏡

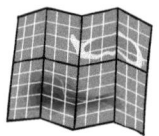

térkép

地図

papír-hulladék gyűjtő

ごみ箱

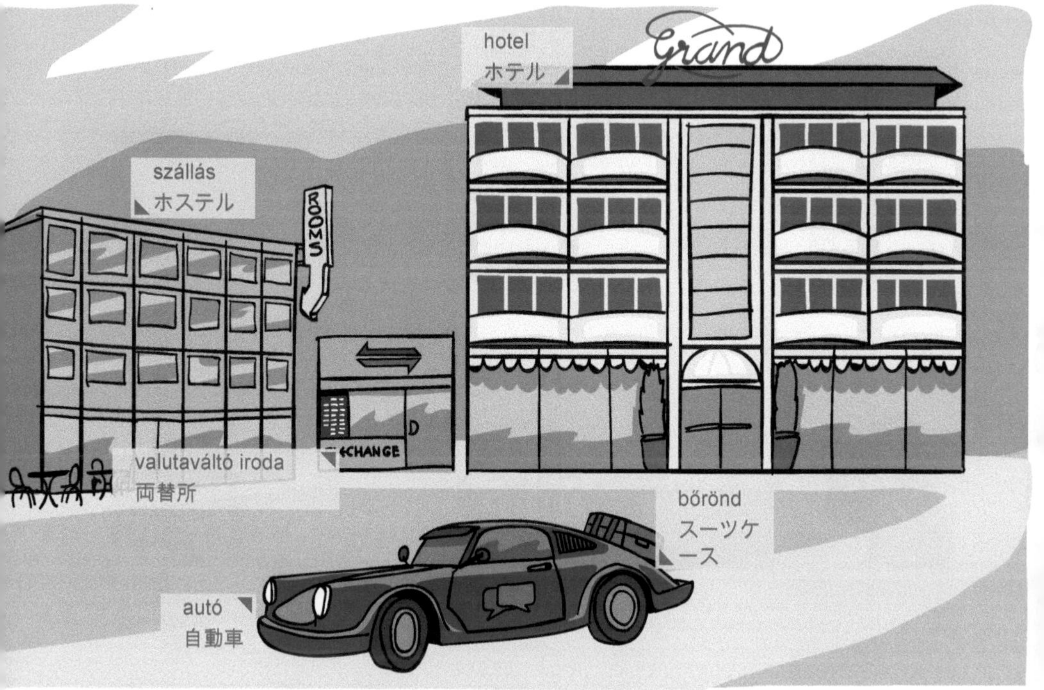

hotel
ホテル
Grand
szállás
ホステル
ROOMS
valutaváltó iroda
両替所
bőrönd
スーツケース
autó
自動車

nyelv

言語

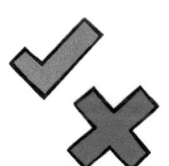

igen/nem

はい / いいえ

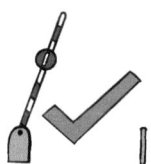

rendben

問題ない

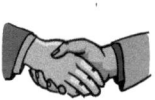

szia

ハロー

fordító

翻訳者

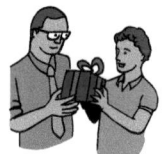

köszönöm

ありがとう

mennyibe kerül…?

…はいくらですか？

nem értem

わかりません

probléma

問題

Jó estét!

こんばんは！

jó reggelt!

おはようございます！

jó éjszakát!

おやすみなさい！

viszontlátásra

さようなら

útirány

方向

poggyász

手荷物

táska

バッグ

hátizsák

リュックサック

vendég

お客様

szoba

部屋

hálózsák

寝袋

sátor

テント

turista információ

旅行者情報

strand

ビーチ

hitelkártya

クレジットカード

reggeli

朝食

ebéd

昼食

vacsora

夕食

jegy

チケット

lift

エレベーター

bélyeg

スタンプ

határ

境界

vám

税関

nagykövetség

大使館

vízum

ビザ

útlevél

パスポート

közlekedés
輸送

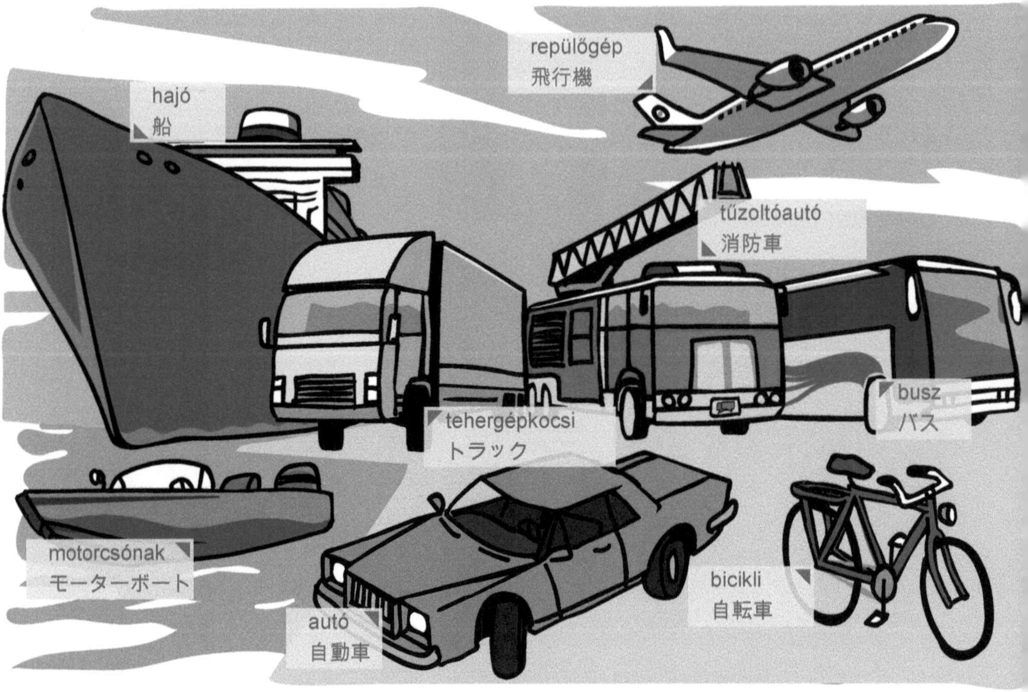
repülőgép
飛行機
hajó
船
tűzoltóautó
消防車
tehergépkocsi
トラック
busz
バス
motorcsónak
モーターボート
bicikli
自転車
autó
自動車

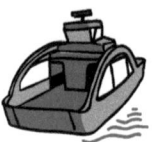

komp
フェリー

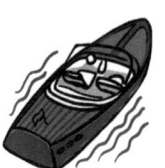

csónak
ボート

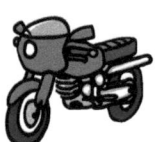

motorkerékpár
バイク

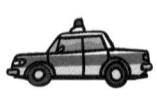

rendőrautó
パトカー

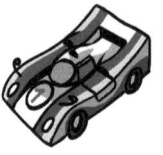

versenyautó
レーシングカー

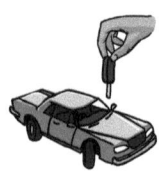

bérautó
レンタカー

telekocsi

カーシェアリング

vontató

レッカー車

szemetes autó

ごみ収集車

motor

モーター

üzemanyag

燃料

benzinkút

ガソリンスタンド

közlekedési tábla

交通標識

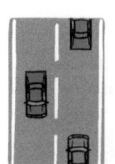

forgalom

交通

forgalmi dugó

渋滞

parkoló

駐車場

vonatállomás

駅

sínek

道

vonat

列車

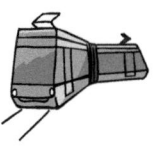

villamos

路面電車

vagon

車両

helikopter

ヘリコプター

repülőtér

空港

torony

タワー

utas

乗客

konténer

コンテナ

kartondoboz

段ボール箱

taliga

カート

kosár

カゴ

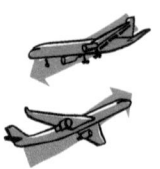

felszáll / leszáll

離陸 / 着陸

város

都市

falu

村

városközpont

都心

ház

家

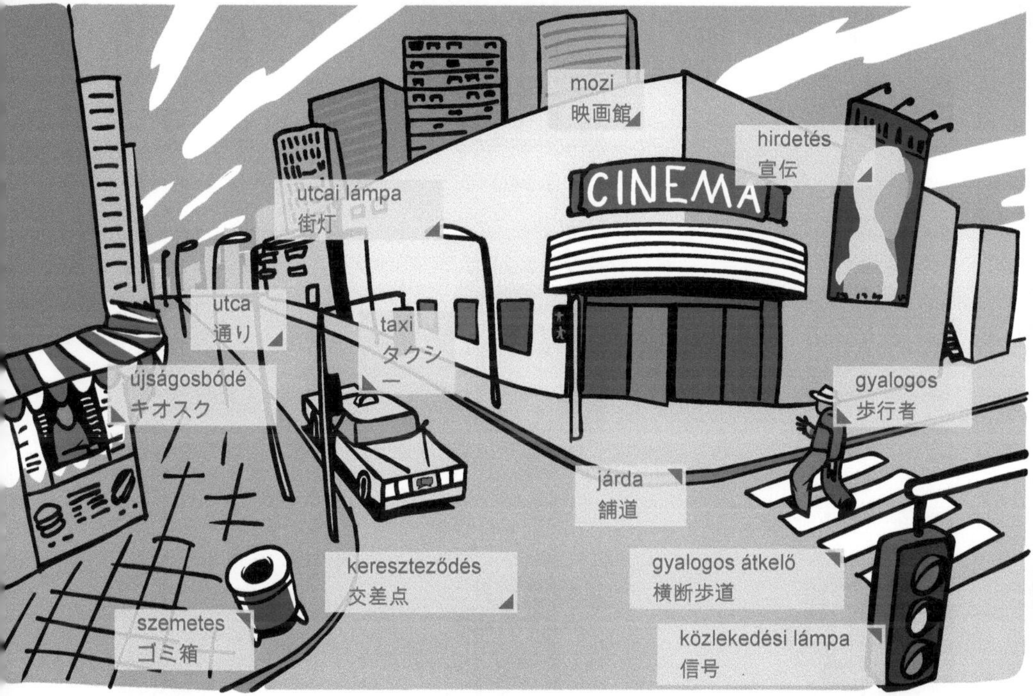
mozi
映画館
hirdetés
宣伝
CINEMA
utcai lámpa
街灯
utca
通り
taxi
タクシー
újságosbódé
キオスク
gyalogos
歩行者
járda
舗道
kereszteződés
交差点
gyalogos átkelő
横断歩道
szemetes
ゴミ箱
közlekedési lámpa
信号

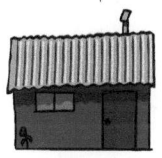

kunyhó

小屋

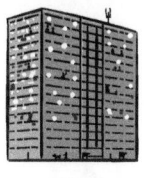

lakás

アパート

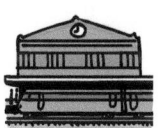

vonatállomás

駅

városháza

市役所

MUSEUM

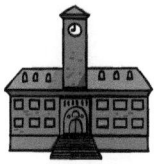

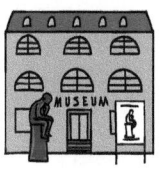

múzeum

美術館

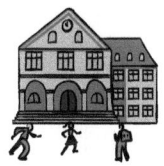

iskola

学校

egyetem

大学

bank

銀行

kórház

病院

hotel

ホテル

gyógyszertár

薬局

iroda

オフィス

könyvesbolt

書店

üzlet

ショップ

virágüzlet

花屋

szupermarket

スーパーマーケット

piac

市場

áruház

デパート

halárus

魚屋

bevásárló központ

ショッピングセンター

kikötő

港

park
公園

pad
ベンチ

híd
橋

lépcső
階段

metró
地下鉄

alagút
トンネル

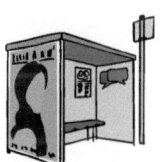

buszmegálló
バス停

bár
バー

étterem
レストラン

postaláda
ポスト

utcatábla
道路標識

parkoló óra
パーキングメーター

állatkert
動物園

uszoda
スイミングプール

mecset
モスク

gazdálkodás

農場

környezetszennyezés

汚染

temető

墓地

templom

教会

játszótér

遊び場

szentély

寺

táj
風景

levél
葉

útjelző tábla
道標

út
道

rét
草地

kő
石

túrázó
ハイカー

fa
木

folyó
川

fű
草

virág
花

völgy

谷

domb

山

tó

湖

erdő

森

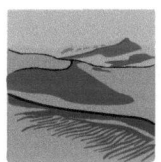

sivatag

砂漠

vulkán

火山

kastély

城

szivárvány

虹

gomba

キノコ

pálmafa

ヤシの木

szúnyog

蚊

légy

ハエ

hangya

蟻

méhecske

ミツバチ

pók

クモ

táj – 風景

bogár

カブトムシ

béka

蛙

mókus

リス

sündisznó

ハリネズミ

nyúl

ウサギ

bagoly

フクロウ

madár

鳥

hattyú

白鳥

vaddisznó

雄豚

szarvas

鹿

rénszarvas

ヘラジカ

gát

ダム

szélturbina

風力タービン

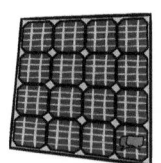

napelem

ソーラーパネル

éghajlat

気候

étterem
レストラン

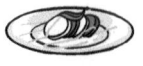

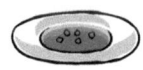

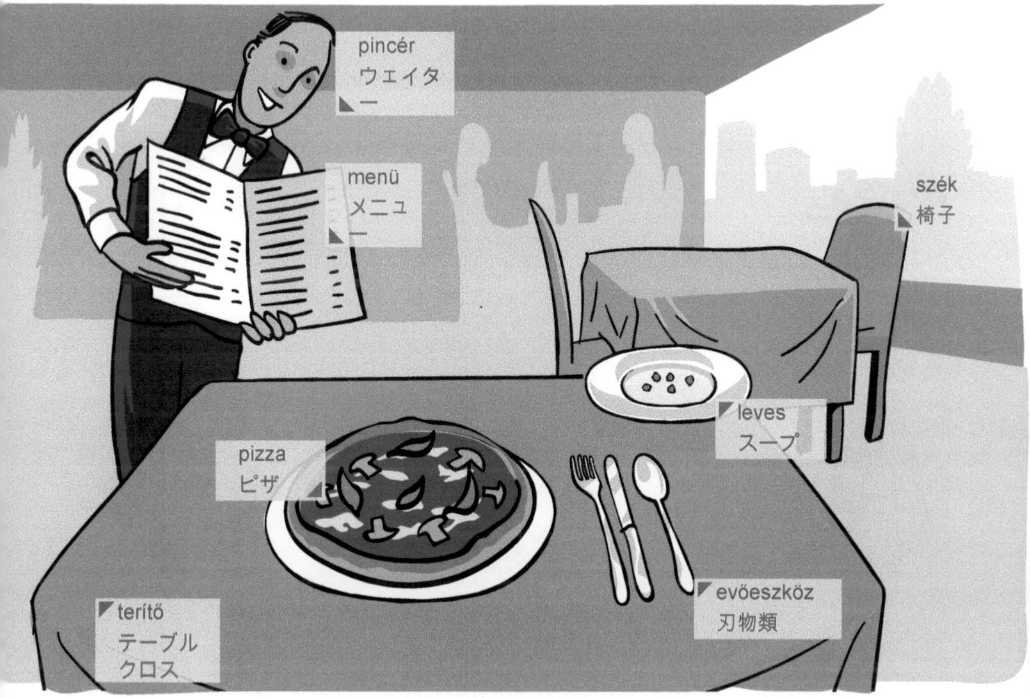

pincér
ウェイター
menü
メニュー
szék
椅子
leves
スープ
pizza
ピザ
evőeszköz
刃物類
terítő
テーブルクロス

előétel

前菜

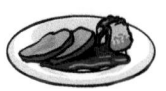

főétel

メインコース

desszert

デザート

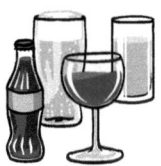

italok

飲み物

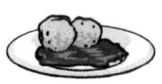

étel

食べ物

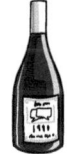

üveg

ボトル

gyorsétel

ファストフード

gyorsétel

屋台の食べ物

teás kanna

ティーポット

cukortartó

砂糖入れ

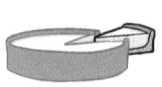

adag

一人前

eszpresszógép

エスプレッソマシン

bárszék

幼児用食事椅子

számla

請求書

tálca

トレー

kés

ナイフ

villa

フォーク

kanál

スプーン

teáskanál

ティースプーン

szalvéta

ナプキン

pohár

グラス

tányér
皿

leveses tányér
スープ皿

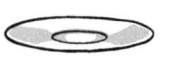

csészealj
受け皿

szósz
ソース

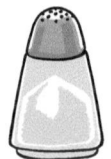

sószóró
塩入れ

borsőrlő
ペッパーミル

ecet
酢

étkezési olaj
油

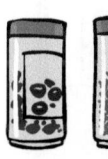

fűszerek
スパイス

ketchup
ケチャップ

mustár
マスタード

majonéz
マヨネーズ

szupermarket

スーパーマーケット

különleges ajánlat
特価品
FOR
ügyfél
顧客
tejtermék
乳製品
gyümölcsök
果物
bevásárló kocsi
ショッピング・カート

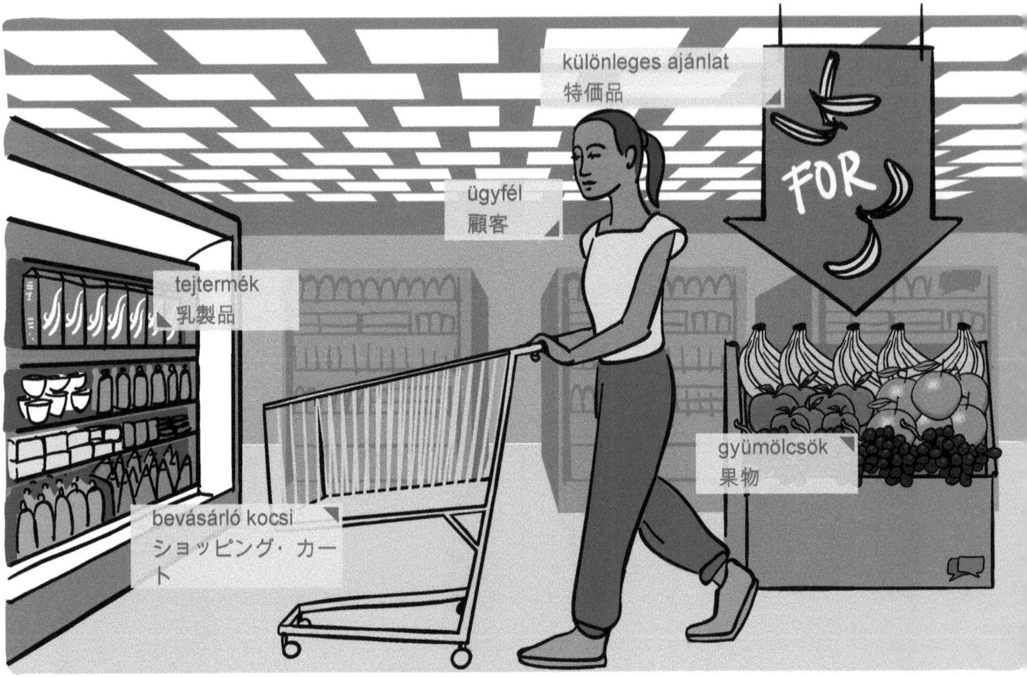

BUTCHERS

hentes

肉屋

BAKERY

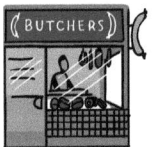

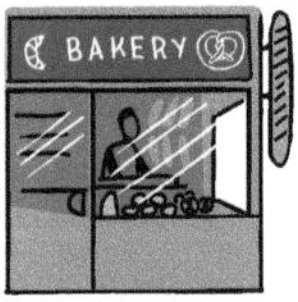

pékség

パン屋

nyom valamennyit

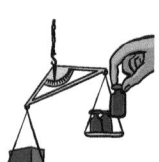

重さをはかる

zöldség

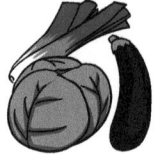

野菜

hús

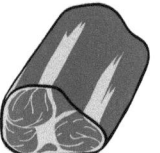

肉

fagyasztott áru

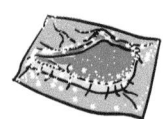

冷凍食品

felvágott

冷肉の薄切り

konzerv

缶詰食品

mosópor

洗剤

édességek

菓子

háztartási termék

家庭用品

tisztítószerek

清掃用品

eladó

販売員

pénztárgép

現金箱

eladó

レジ係

bevásárló lista

買い物リスト

nyitva tartás

開館時刻

levéltárca

財布

hitelkártya

クレジットカード

zacskó

バッグ

műanyag zacskó

ポリ袋

víz

水

gyümölcslé

ジュース

tej

牛乳

kóla

コーラ

bor

ワイン

sör

ビール

alkohol

アルコール

kakaó

ココア

tea

紅茶

kávé

コーヒー

eszpresszó

エスプレッソ

kapucsínó

カプチーノ

banán

バナナ

alma

リンゴ

narancs

オレンジ

sárgadinnye

メロン

citrom

レモン

sárgarépa

ニンジン

fokhagyma

ニンニク

bambusz

竹

hagyma

玉ねぎ

gomba

キノコ

magvak

ナッツ

nokedli

ヌードル

spagetti

スパゲッティ

rizs

米

saláta

サラダ

sült krumpli

フライドポテト

sült burgonya

フライドポテト

pizza

ピザ

hamburger

ハンバーガー

szendvics

サンドウィッチ

hússzelet

カツレツ

sonka

ハム

szalámi

サラミ

kolbász

ソーセージ

csirke

鶏肉

pecsenye

焼き

hal

魚

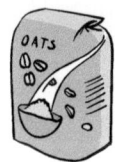

zabkása

麦のお粥

müzli

ムーズリ

kukoricapehely

コーンフレーク

liszt

小麦粉

croissant

クロワッサン

zsemle

ロールパン

kenyér

パン

pirítós kenyér

トースト

keksz

ビスケット

vaj

バター

túró

カッテージチーズ

sütemény

ケーキ

tojás

卵

tükörtojás

目玉焼き

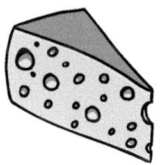

sajt

チーズ

jégkrém

アイスクリーム

cukor

砂糖

méz

はちみつ

lekvár

ジャム

mogyorókrém

ヌガークリーム

curry

カレー

étel - 食べ物

parasztház
農家

szalmakazal
ストローベール

pajta
納屋

mező
畑

ló
馬

vontató
トレーラー

csikó
子馬

traktor
トラクター

szamár
ロバ

bárány
子羊

juh
羊

kecske
ヤギ

tehén
雌牛

borjú
子牛

malac
豚

kismalac
子豚

bika
雄牛

liba

ガチョウ

kacsa

アヒル

csibe

ひよこ

tojó

にわとり

kakas

おんどり

patkány

ネズミ

macska

猫

egér

ねずみ

ökör

雄牛

kutya

犬

kutyaház

犬小屋

kerti öntözőcső

散水ホース

öntözőkanna

じょうろ

kasza

大鎌

eke

すき

sarló
草刈り鎌

kapa
くわ

vasvilla
堆肥用フォーク

fejsze
斧

talicska
手押し車

teknő
かいばおけ

tejes kancsó
牛乳缶

zsák
袋

kerítés
フェンス

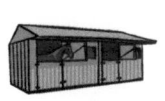

istálló
畜舎

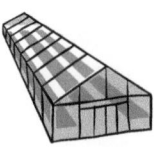

üvegház
温室

talaj
土壌

vetőmag
種

trágya
肥料

cséplőgép
コンバイン

szüretelni

収穫する

betakarítás

収穫

yamgyökér

ヤマイモ

búza

小麦

szója

大豆

burgonya

じゃがいも

kukorica

トウモロコシ

repcemag

菜種

gyümölcsfa

果樹

manióka

キャッサバ

gabona

穀物

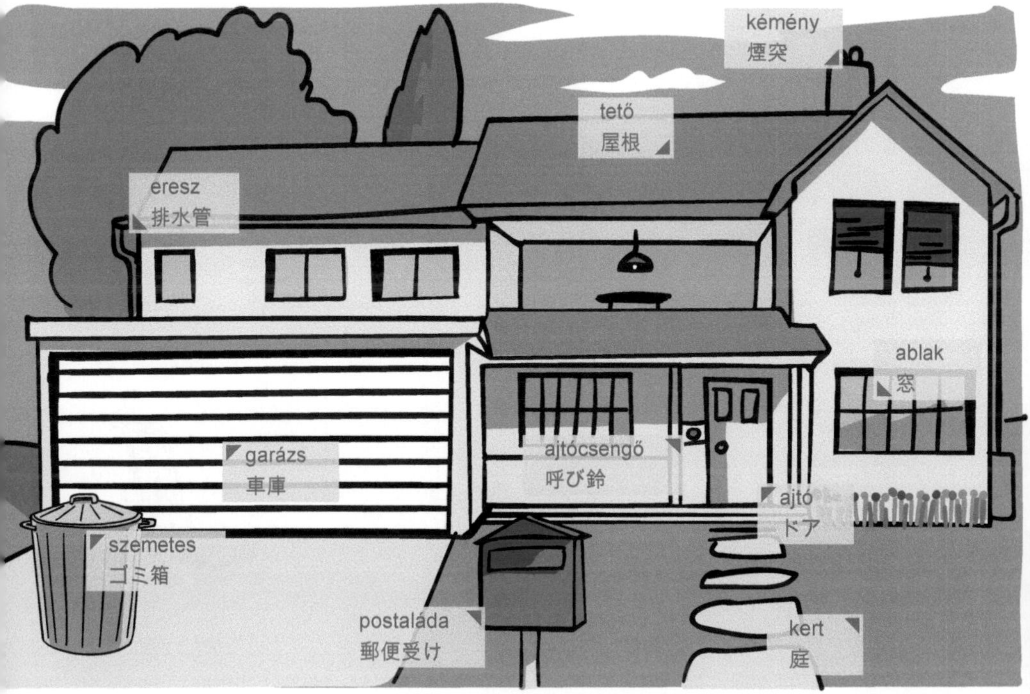

kémény
煙突

tető
屋根

eresz
排水管

ablak
窓

garázs
車庫

ajtócsengő
呼び鈴

ajtó
ドア

szemetes
ゴミ箱

postaláda
郵便受け

kert
庭

nappali
リビングルーム

fürdőszoba
浴室

konyha
台所

hálószoba
寝室

gyerekszoba
子供部屋

ebédlő
ダイニング・ルーム

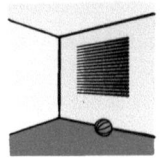

padló

床

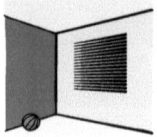

fal

壁

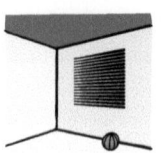

plafon

天井

pince

地下貯蔵庫

szauna

サウナ

erkély

バルコニー

terasz

テラス

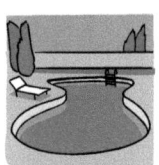

medence

プール

fűnyíró

芝刈り機

lepedő

シーツ

ágytakaró

ベッドカバー

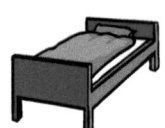

ágy

ベッド

seprű

ほうき

vödör

バケツ

kapcsoló

スイッチ

nappali

リビングルーム

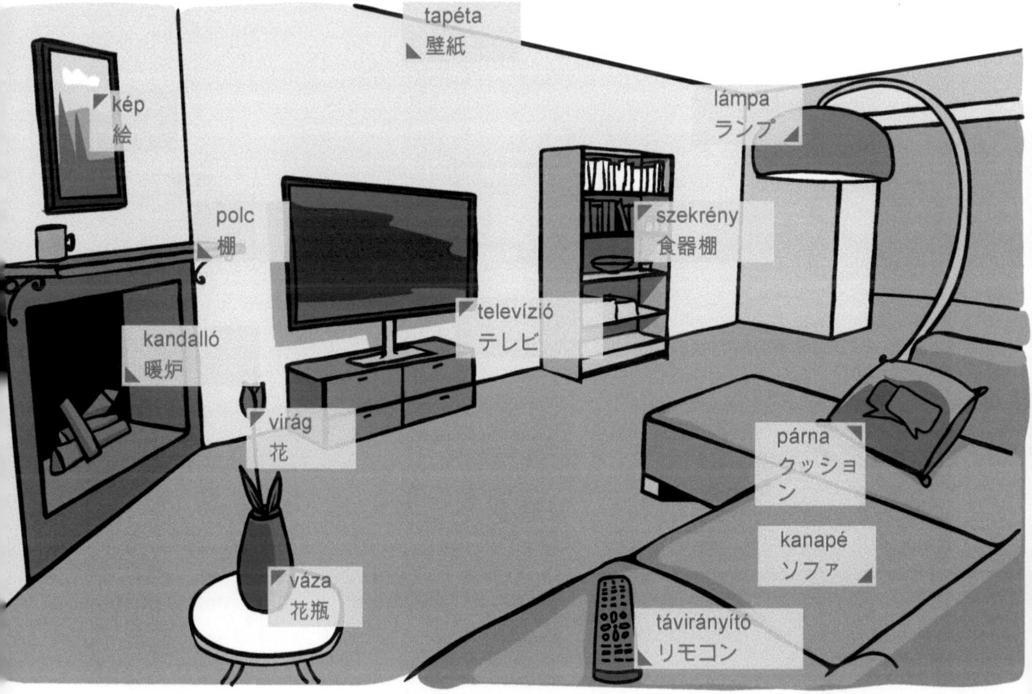
tapéta
壁紙
kép
絵
lámpa
ランプ
polc
棚
szekrény
食器棚
televízió
テレビ
kandalló
暖炉
virág
花
párna
クッション
kanapé
ソファ
váza
花瓶
távirányító
リモコン

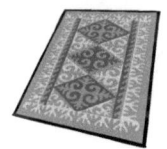

szőnyeg

カーペット

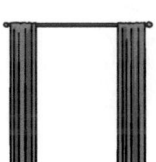

függöny

カーテン

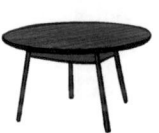

asztal

テーブル

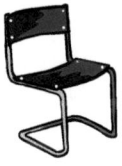

szék

椅子

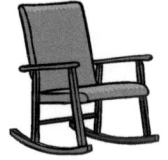

hintaszék

ロッキングチェア

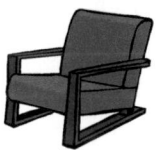

karosszék

ひじ掛け椅子

könyv

本

takaró

毛布

dekoráció

飾り

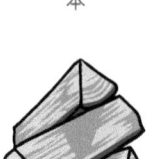

tűzifa

たきぎ

film

映画

hifi

ステレオ

kulcs

鍵

újság

新聞

festmény

絵画

poszter

ポスター

rádió

ラジオ

jegyzetfüzet

メモ帳

porszívó

掃除機

kaktusz

サボテン

gyertya

ろうそく

konyha
台所

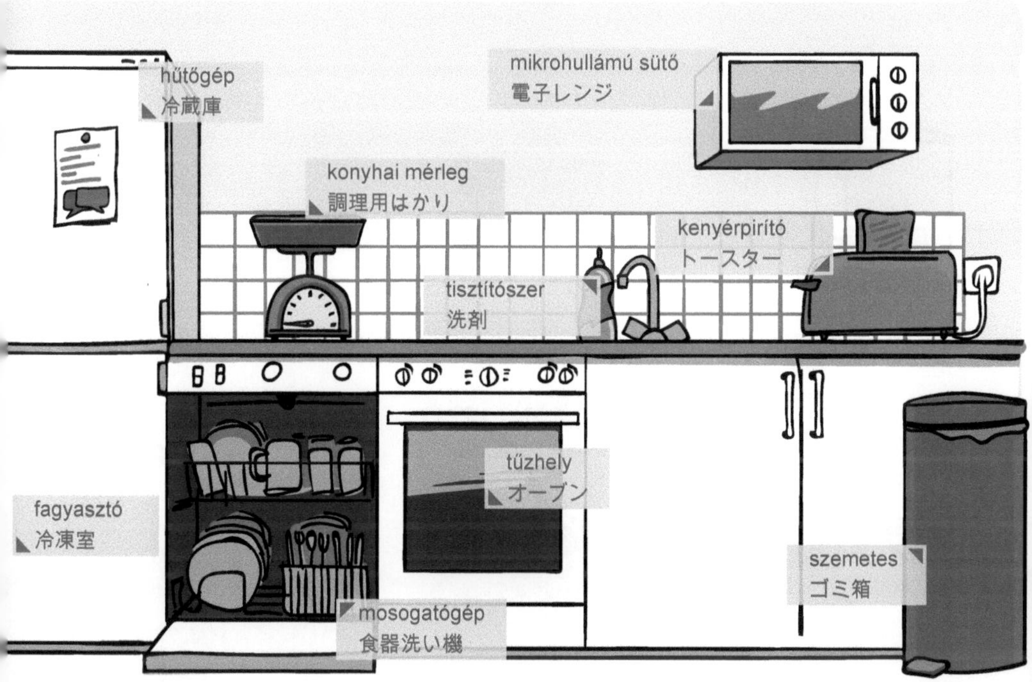
hűtőgép
冷蔵庫
mikrohullámú sütő
電子レンジ
konyhai mérleg
調理用はかり
kenyérpirító
トースター
tisztítószer
洗剤
tűzhely
オーブン
fagyasztó
冷凍室
szemetes
ゴミ箱
mosogatógép
食器洗い機

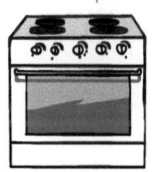

tűzhely

こんろ

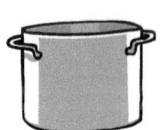

edény

鍋

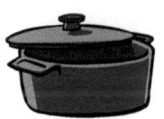

vasfazék

鉄鍋

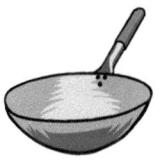

wok / kadai

中華鍋/ カダイ鍋

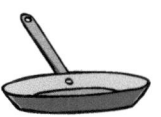

serpenyő

フライパン

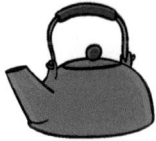

vízforraló

やかん

pároló

蒸し器

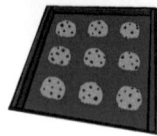

tepsi

天板

étkészlet

食器

bögre

マグカップ

tálka

ボウル

evőpálcika

箸

merőkanál

おたま

keverőlapátka

へら

habverő

泡立て器

szűrő

こし器

szita

ふるい

reszelő

すりおろし器

mozsár

すり鉢

grillsütő

バーベキュー

kandalló

かまど

vágódeszka

まな板

sodrófa

麺棒

dugóhúzó

栓抜き

doboz

缶

konzervnyitó

缶切り

edényfogó

鍋つかみ

mosogató

流し

kefe

ブラシ

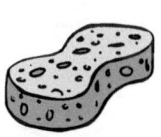

szivacs

スポンジ

turmixgép

ミキサー

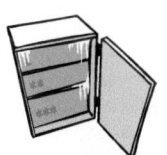

mélyhűtő

冷凍庫

cumisüveg

哺乳瓶

csap

蛇口

fürdőszoba

浴室

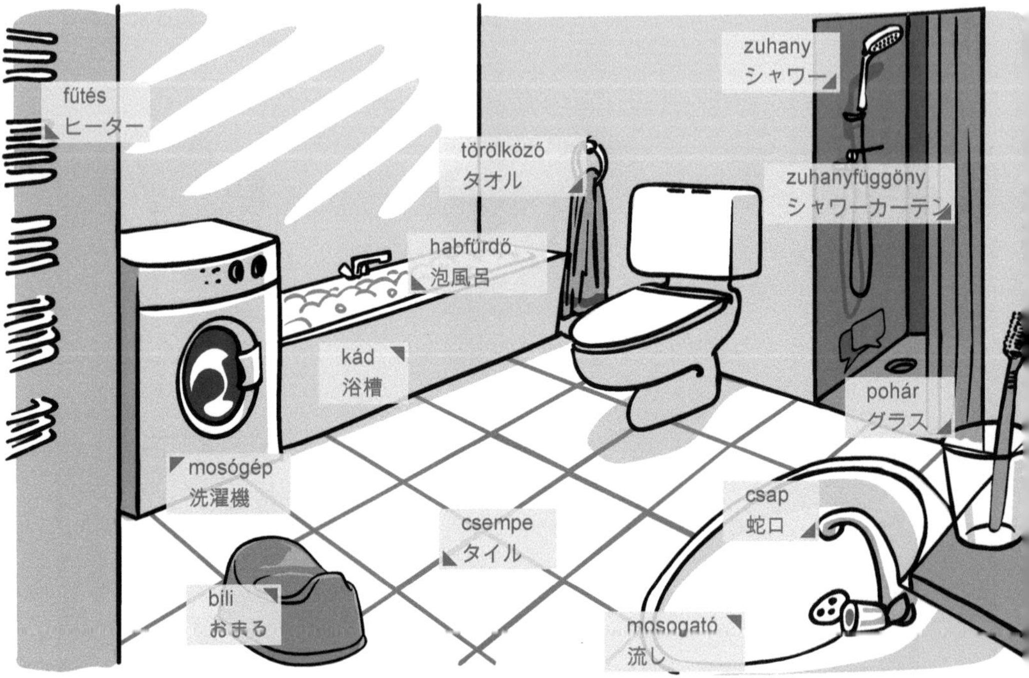

zuhany
シャワー
fűtés
ヒーター
törölköző
タオル
zuhanyfüggöny
シャワーカーテン
habfürdő
泡風呂
kád
浴槽
pohár
グラス
mosógép
洗濯機
csap
蛇口
csempe
タイル
bili
おまる
mosogató
流し

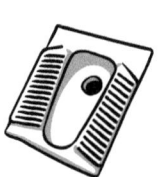

toalett
トイレ

guggolós toalett
和式トイレ

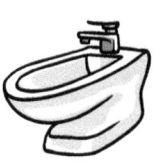

bidé
ビデ

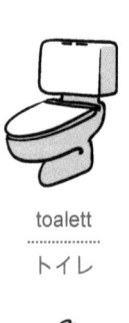

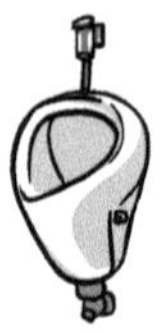
piszoár
小便器

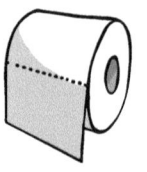

toalett papír
トイレットペーパー

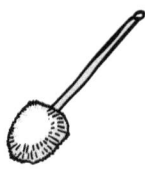

wc kefe
トイレブラシ

fogkefe
歯ブラシ

fogkrém
歯みがき

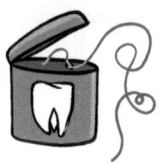

fogselyem
デンタルフロス

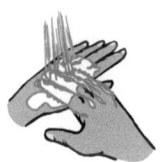

mosni
洗う

kézi zuhany
シャワーヘッド

intimzuhany
ハンドビデ

mosdótál
洗面台

hátmosó kefe
ボディブラシ

szappan
石鹸

tusfürdő
シャワー用ジェル

sampon
シャンプー

mosdókesztyű
浴用タオル

lefolyó
排水口

krém
クリーム

dezodor
消臭

tükör

鏡

kézitükör

手鏡

borotva

かみそり

borotvahab

シェービング・フォーム

borotválkozás utáni arcszesz

アフターシェーブローション

fésű

櫛

hajkefe

ブラシ

hajszárító

ドライヤー

hajlakk

ヘアスプレー

smink

化粧

ajakrúzs

口紅

körömlakk

マニキュア

vatta

脱脂綿

körömvágó olló

爪切り

parfüm

香水

neszesszer

洗面用具入れ

sámli

スツール

mérleg

体重計

köntös

バスローブ

gumikesztyű

ゴム手袋

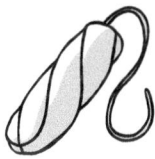

tampon

タンポン

egészségügyi betét

生理用ナプキン

vegyi WC

ケミカルトイレ

gyerekszoba
子供部屋

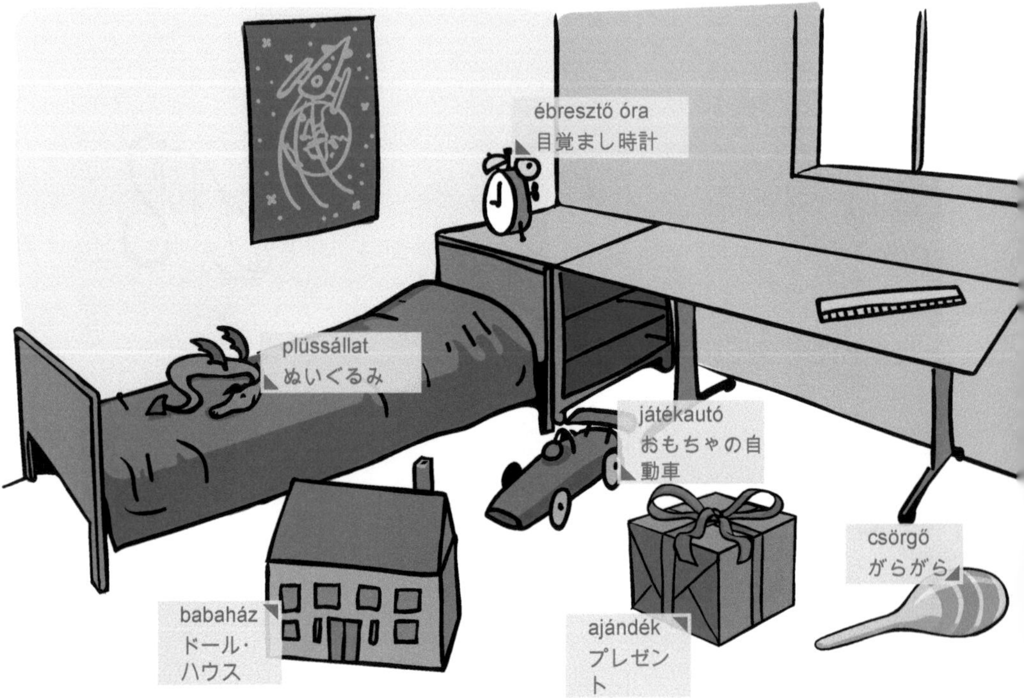
ébresztő óra
目覚まし時計
plüssállat
ぬいぐるみ
játékautó
おもちゃの自動車
csörgő
がらがら
babaház
ドール・ハウス
ajándék
プレゼント

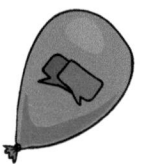

lufi
風船

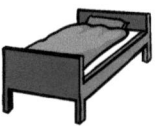

ágy
ベッド

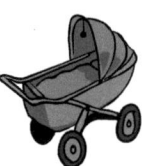

babakocsi
ベビーカー

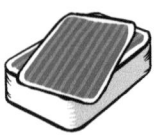

kártyapakli
カードゲーム

kirakós játék
ジグソーパズル

SUPER MEGA
képregény
漫画

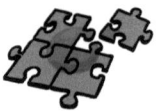

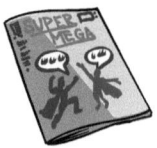

építőkockák

レゴ

építőelem

玩具ブロック

szuperhős

アクションフィギュア

rugdalózó

ロンパース

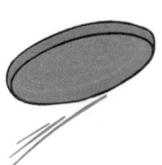

frizbi

フリスビー

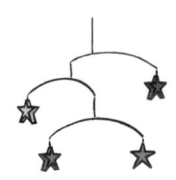

zenélő forgó

モバイル

társasjáték

ボードゲーム

kocka

さいころ

modellvasút

鉄道模型

cumi

おしゃぶり

zsúr

パーティー

képeskönyv

絵本

labda

ボール

baba

人形

játszani

遊ぶ

homokozó

砂場

hinta

ブランコ

játékok

おもちゃ

videójáték konzol

ゲーム機

tricikli

三輪車

teddi maci

テディベア

ruhásszekrény

衣装ダンス

ruházat

衣服

zokni

靴下

harisnya

ストッキング

harisnyanadrág

タイツ

sál
スカーフ

esernyő
雨傘

póló
Tシャツ

öv
ベルト

tornacipő
スニーカー

csizma
ブーツ

papucs
スリッパ

szandál
サンダル

cipő
靴

gumicsizma
ゴム長靴

alsónadrág
パンツ

melltartó
ブラ

mellény
ベスト

body
ボディースーツ

nadrág
ズボン

farmer
ジーンズ

szoknya
スカート

blúz
ブラウス

ing
シャツ

pulóver
セーター

kapucnis pulóver
パーカー

blézer
ブレザー

dzseki
ジャケット

kabát
コート

esőkabát
レインコート

kosztüm
服装

ruha
ドレス

esküvői ruha
ウェディングドレス

öltöny
スーツ

hálóing
ナイトガウン

pizsama
パジャマ

szári
サリー

fejkendő
ヘッドスカーフ

turbán
ターバン

burka
ブルカ

kaftán
カフタン

abaya
アバヤ

fürdőruha
水着

fürdőnadrág
トランクス

rövidnadrág
半ズボン

tréningruha
スウェットスーツ

kötény
エプロン

kesztyű
手袋

gomb

ボタン

szemüveg

メガネ

karkötő

ブレスレット

nyaklánc

ネックレス

gyűrű

指輪

fülbevaló

イヤリング

sapka

帽子

vállfa

ハンガー

kalap

帽子

nyakkendő

ネクタイ

cipzár

ファスナー

bukósisak

ヘルメット

nadrágtartó

サスペンダー

iskolai egyenruha

制服

egyenruha

ユニフォーム

elöke

よだれかけ

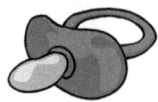

cumi

おしゃぶり

pelenka

おむつ

iroda

オフィス

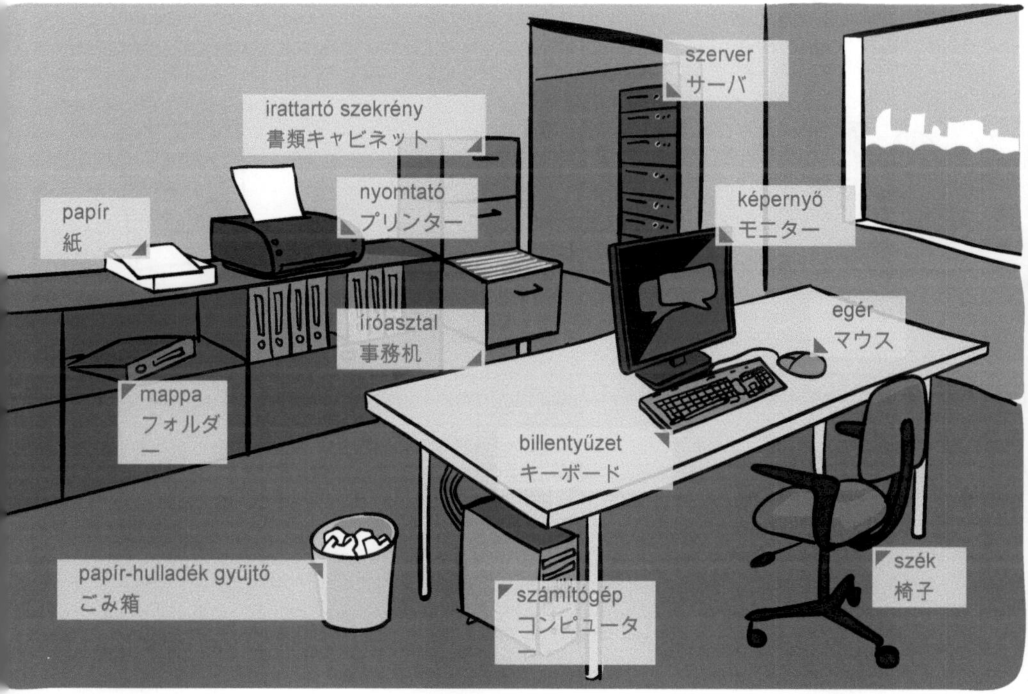

szerver
サーバ

irattartó szekrény
書類キャビネット

nyomtató
プリンター

papír
紙

képernyő
モニター

íróasztal
事務机

egér
マウス

mappa
フォルダ
ー

billentyűzet
キーボード

papír-hulladék gyűjtő
ごみ箱

szék
椅子

számítógép
コンピュータ
ー

kávéscsésze

コーヒーマグ

számológép

計算機

internet

インターネット

laptop

ラップトップ

levél

手紙

üzenet

メッセージ

mobiltelefon

携帯電話

hálózat

ネットワーク

fénymásoló

コピー機

szoftver

ソフトウェア

telefon

電話

konnektor

コンセント

faxgép

ファックス

formanyomtatvány

フォーム

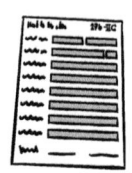

dokumentum

書類

venni

買う

fizetni

支払う

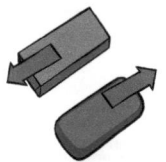

kereskedni

取引する

pénz

お金

dollár

ドル

euró

ユーロ

jen

円

rubel

ルーブル

svájci frank

スイスフラン

kínai jüan

人民元

rúpia

ルピー

bankautomata

キャッシュポイント

valutaváltó iroda

両替所

arany

金

ezüst

銀

olaj

油

energia

エネルギー

ár

価格

szerződés

契約

adó

税金

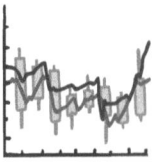

részvény

株

dolgozni

働く

munkavállaló

従業員

munkaadó

雇用主

gyár

工場

üzlet

ショップ

foglalkozások
職業

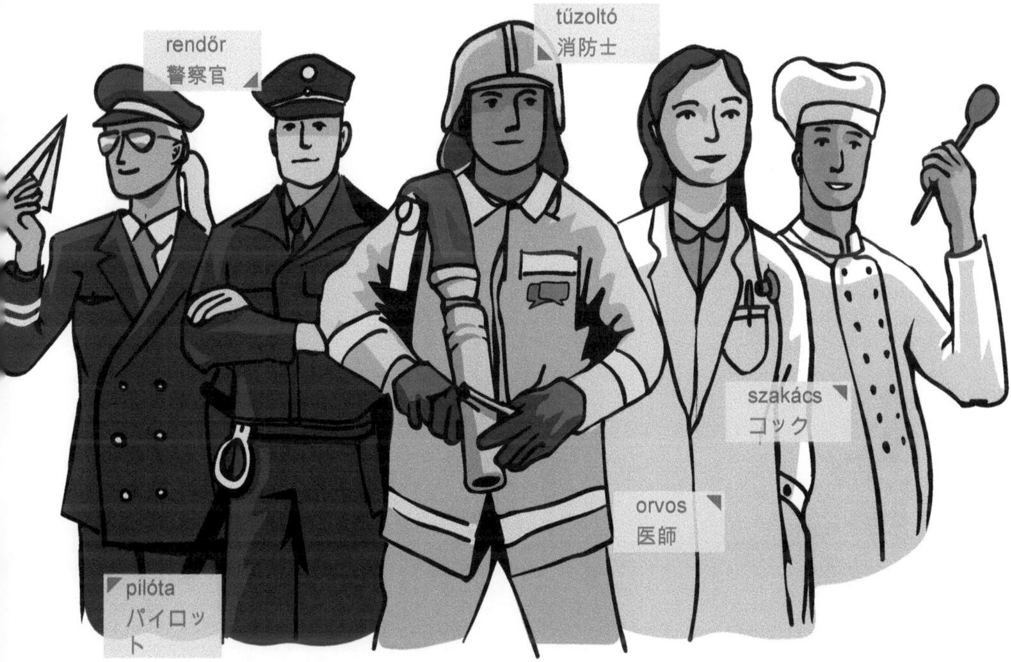
rendőr
警察官
tűzoltó
消防士
szakács
コック
orvos
医師
pilóta
パイロット

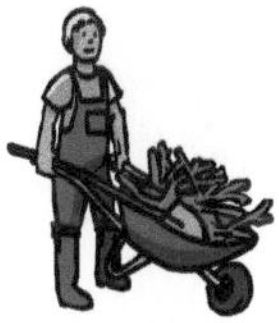

kertész

庭師

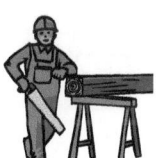

kárpitos

大工

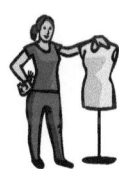

varrónő

お針子

bíró

裁判官

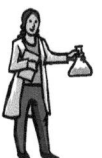

vegyész

化学者

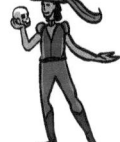

színész

俳優

buszsofőr

バスの運転手

taxisofőr

タクシー運転手

halász

漁師

bejárónő

掃除婦

tetőfedő

屋根ふき職人

pincér

ウェイター

vadász

ハンター

festő

塗装工

pék

パン屋

villanyszerelő

電気工

építőmunkás

建設作業員

mérnök

エンジニア

hentes

肉屋

vízvezeték-szerelő

配管工

postás

郵便配達人

katona

軍人

építész

建築家

eladó

レジ係

virágos

花屋

fodrász

美容師

kalauz

車掌

műszerész

機械工

kapitány

キャプテン

fogorvos

歯科医

tudós

科学者

rabbi

ラビ

imám

イスラム導師

szerzetes

修道士

lelkész

牧師

szerszámok
道具

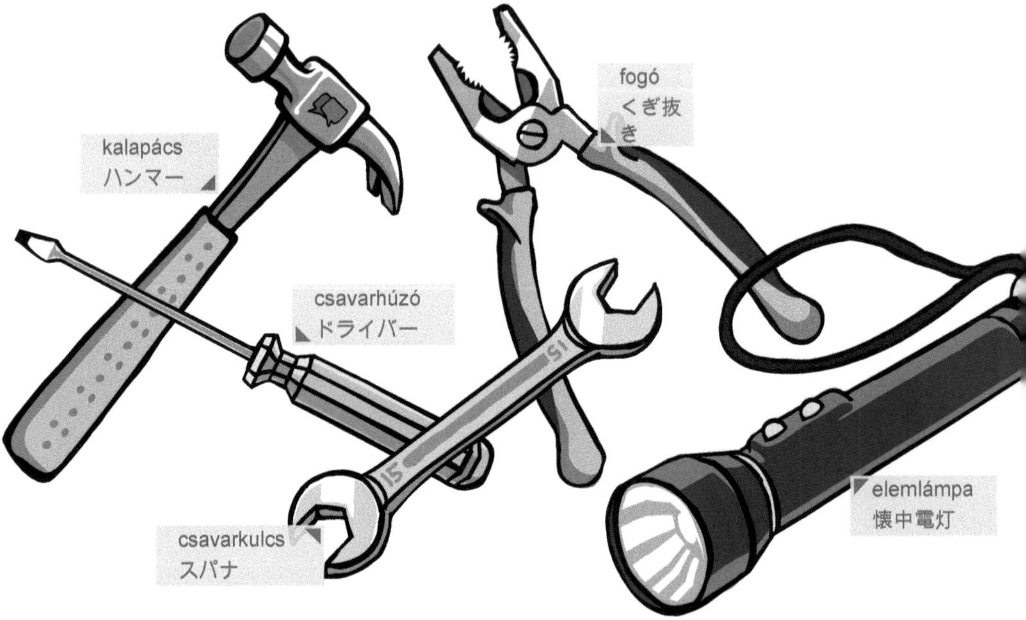
kalapács
ハンマー
fogó
くぎ抜
き
csavarhúzó
ドライバー
csavarkulcs
スパナ
elemlámpa
懐中電灯

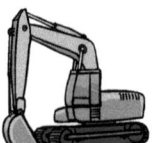

markológép

掘削機

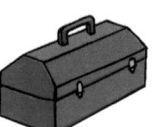

szerszámosláda

道具箱

vödör

はしご

fűrész

のこぎり

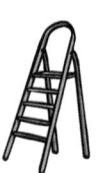

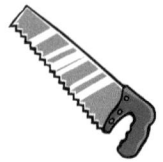

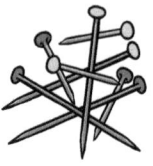

szög

釘

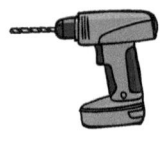

fúrógép

ドリル

megjavítani

修理する

lapát

シャベル

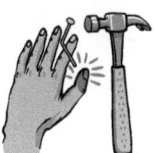

A francba!

クソ！

szemétlapát

ちりとり

festékesdoboz

ペンキ缶

csavar

ネジ

hangszerek
楽器

hangszóró
スピーカー

dobfelszerelés
打楽器

gitár
ギター

nagybőgő
コントラバ
ス

trombita
トランペッ
ト

zongora

ピアノ

hegedű

バイオリン

basszusgitár

バス

üstdob

ティンパニ

dobok

ドラム

digitális zongora

キーボード

szaxofon

サックス

fuvola

フルート

mikrofon

マイクロフォン

állatkert

動物園

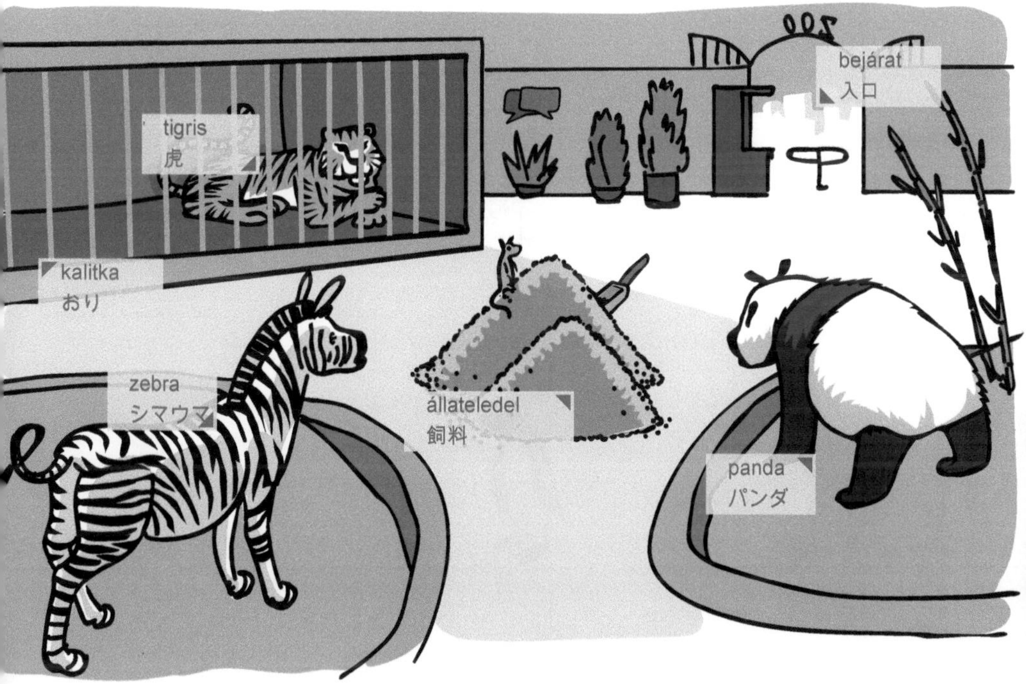
tigris
虎
kalitka
おり
bejárat
入口
zebra
シマウマ
állateledel
飼料
panda
パンダ

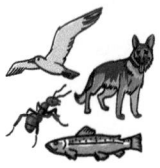

állatok
動物

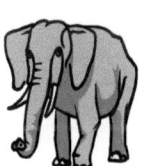

elefánt
象

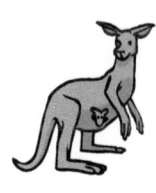

kenguru
カンガルー

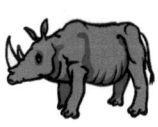

orrszarvú
サイ

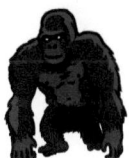

gorilla
ゴリラ

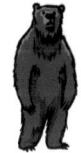

medve
熊

teve

ラクダ

strucc

ダチョウ

oroszlán

ライオン

majom

猿

flamingó

フラミンゴ

papagáj

オウム

jegesmedve

白クマ

pingvin

ペンギン

cápa

サメ

páva

クジャク

kígyó

蛇

krokodil

ワニ

állatgondozó

飼育係

fóka

アザラシ

jaguár

ジャガー

póniló

ポニー

leopárd

ヒョウ

víziló

カバ

zsiráf

キリン

sas

鷲

vaddisznó

雄豚

hal

魚

teknős

亀

rozmár

セイウチ

róka

狐

gazella

ガゼル

sportok
スポーツ

amerikai futball
アメフト

kerékpározás
サイクリング

tenisz
テニス

kosárlabda
バスケットボール

úszás
水泳

jégkorong
アイスホッケー

boksz
ボクシング

futball
サッカー

tollas
バドミントン

atlétika
陸上競技

kézilabda
ハンドボール

síelés
スキー

lovaspóló
ポロ

tevékenységek
活動

nevetni
笑う
ugrani
跳ぶ
ölelni
抱きしめる
sétálni
歩く
énekelni
歌う
álmodni
夢見る
dicsérni
祈る
csókolni
キス

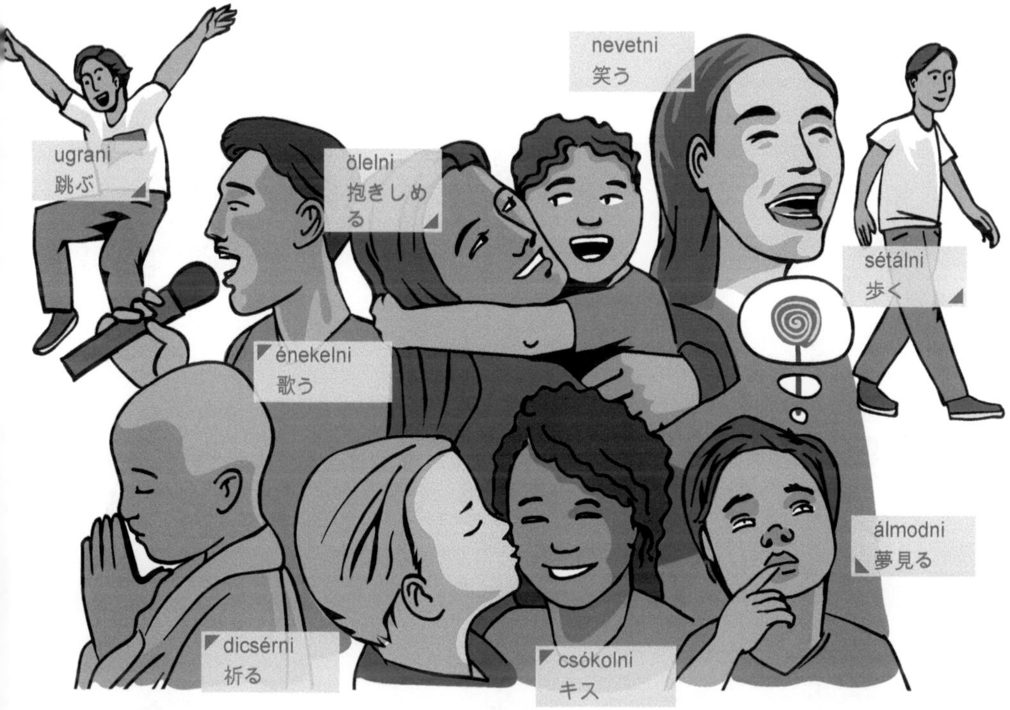

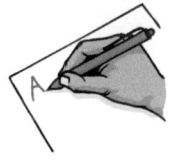

írni
書く

rajzolni
描く

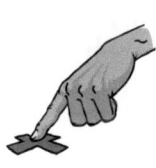

mutatni
示す

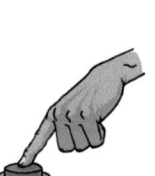

tolni
押す

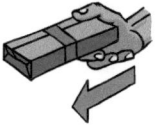

adni
与える

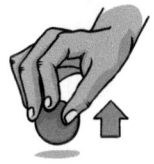

vinni
取る

birtokolni

持っている

csinálni

する

lenni

ある

állni

立つ

futni

走る

húzni

引く

hajít

投げる

esni

落ちる

hazudni

横たわっている

várni

待つ

vinni

運ぶ

ülni

座る

felvenni

着る

aludni

眠る

felébredni

目が覚める

ránézni

見る

sírni

泣く

simogat

なでる

fésülni

櫛ですく

beszélni

話す

megérteni

理解する

kérdezni

質問する

hallgatni

聞く

inni

飲む

enni

食べる

takarítani

片づける

szeretni

愛する

főzni

料理する

vezetni

運転する

szállni

飛ぶ

vitorlázni

ヨットに乗る

számol

計算する

olvasni

読む

tanulni

学ぶ

dolgozni

働く

házasodni

結婚する

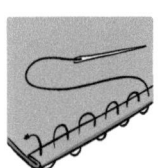

varrni

縫う

fogat mosni

歯を磨く

ölni

殺す

dohányozni

喫煙する

küldeni

送る

nagymama
祖母

nagypapa
祖父

apa
父

anya
母

kisbaba
赤ん坊

lány
娘

fiú
息子

vendég

お客様

nagynéni

おば

nagybácsi

おじ

fiútestvér

兄弟

lánytestvér

姉妹

test
体

homlok
ひたい
szem
目
arc
顔
áll
あご
mell
胸
ujj
指
kéz
手
kar
腕
váll
肩
láb
脚

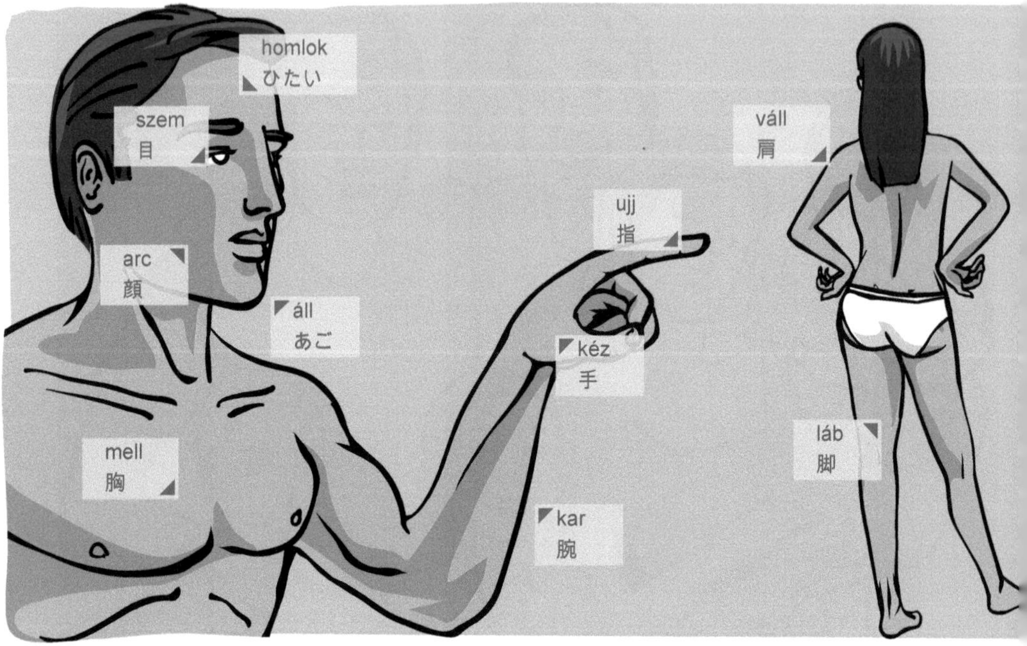

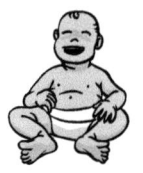

kisbaba
赤ん坊

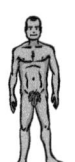

ember
男性

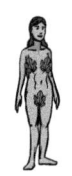

nő
女性

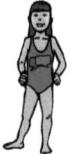

lány
少女

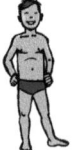

fiú
少年

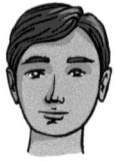

fej
頭

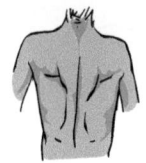

hát

背中

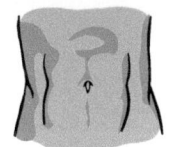

has

腹

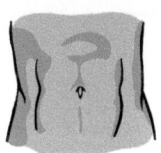

köldök

へそ

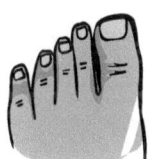

lábujj

足指

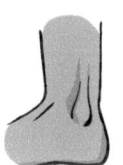

sarok

かかと

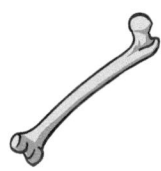

csont

骨

csípő

腰

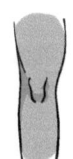

térd

ひざ

könyök

ひじ

orr

鼻

fenék

尻

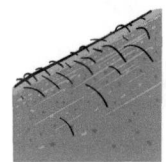

bőr

皮膚

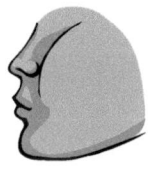

orca

頬

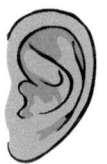

fül

耳

ajak

唇

száj

口

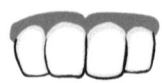

fog

歯

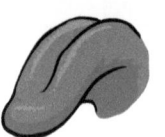

nyelv

舌

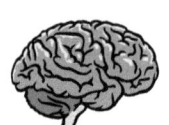

agy

脳

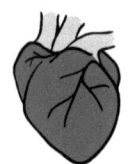

szív

心臓

izom

筋肉

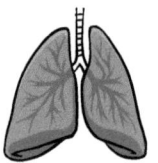

tüdő

肺

máj

肝臓

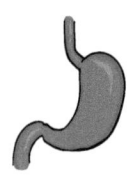

gyomor

胃

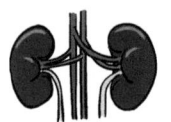

vese

腎臓

szex

セックス

kondom

コンドーム

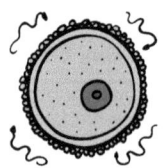

petesejt

卵細胞

sperma

精液

terhesség

妊娠

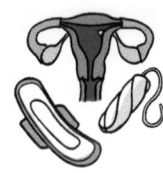

menstruáció

月経

vagina

膣

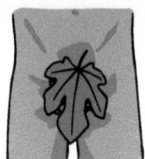

pénisz

ペニス

szemöldök

眉

haj

髪

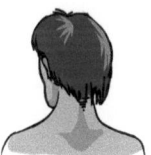

nyak

首

kórház
病院

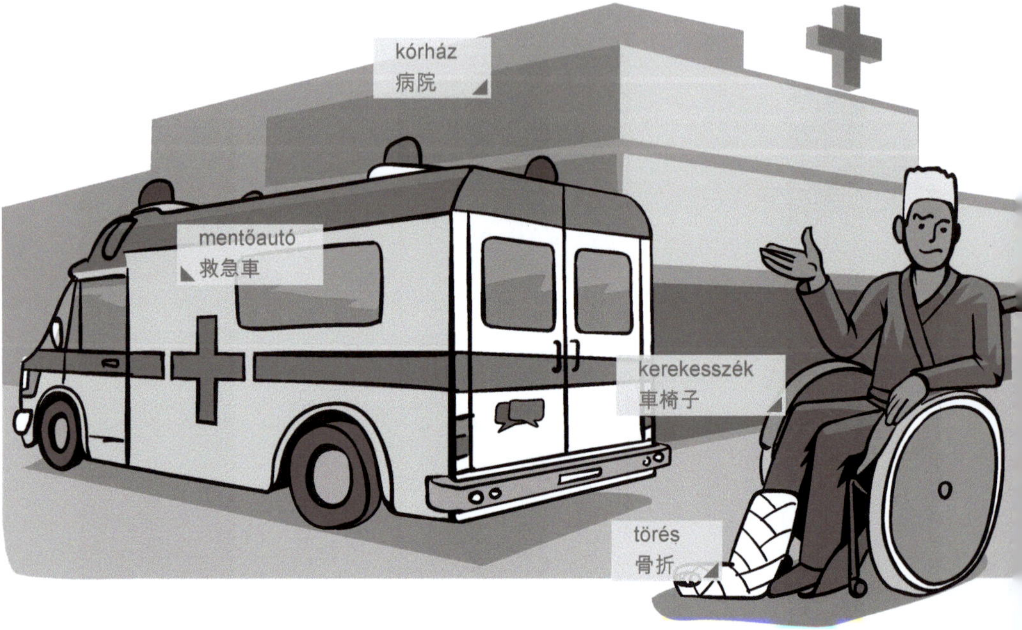

kórház
病院

mentőautó
救急車

kerekesszék
車椅子

törés
骨折

orvos
医師

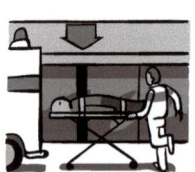

sürgősségi osztály
救急治療室

ápoló
看護師

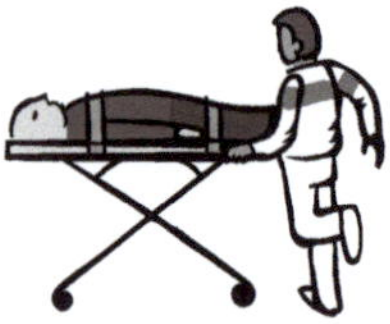

vészhelyzet
救急

eszméletlen
失神

fájdalom
痛み

sérülés

けが

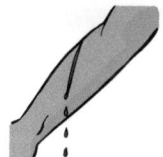

vérzés

出血

szívroham

心臓発作

szélütés

脳卒中

allergia

アレルギー

köhögés

咳

láz

熱

influenza

インフルエンザ

hasmenés

下痢

fejfájás

頭痛

rák

癌

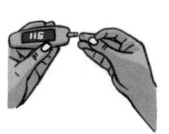

cukorbetegség

糖尿病

sebész

外科医

szike

外科用メス

műtét

手術

kórház - 病院

CT
CT

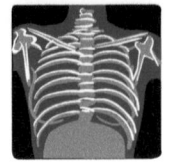

röntgen
レントゲン

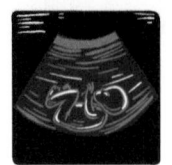

ultrahang
超音波

arcmaszk
マスク

betegség
病気

váróterem
待合室

mankó
松葉づえ

sebtapasz
ばんそうこう

kötszer
包帯

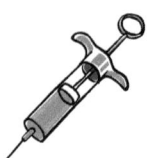

injekció
注射

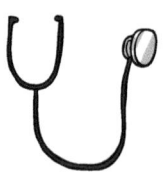

sztetoszkóp
聴診器

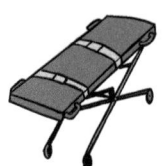

hordágy
担架

klinikai hőmérő
体温計

születés
出産

túlsúly
肥満

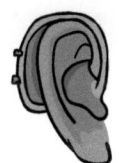

hallókészülék

補聴器

fertőtlenítőszer

消毒剤

fertőzés

感染

vírus

ウイルス

HIV/AIDS

HIV / エイズ

orvosság

内服薬

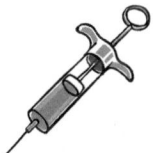

oltás

予防接種

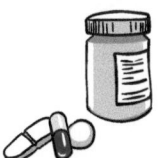

tabletták

錠剤

tabletta

ピル

sürgősségi hívás

緊急電話

vérnyomásmérő

血圧計

betegség / egészség

病気の　/　健康な

Segítség!

助けて！

riasztás

アラーム

rajtaütés

暴行

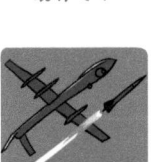

támadás

攻撃

veszély

危険

vészkijárat

非常口

tűz!

火事だ！

tűzoltókészülék

消火器

baleset

事故

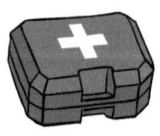

elsősegélycsomag

救急箱

SOS

SOS

rendőrség

警察

Európa

ヨーロッパ

Észak-Amerika

北米

Dél-Amerika

南米

Afrika

アフリカ

Ázsia

アジア

Ausztrália

オーストラリア

Atlanti-óceán

大西洋

Csendes-óceán

太平洋

Indiai-óceán

インド洋

Déli-óceán

南極海

Jeges-tenger

北極海

Északi-sark

北極

Déli-sark

南極

Antarktisz

南極大陸

föld

地球

szárazföld

陸

tenger

海

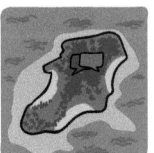

sziget

島

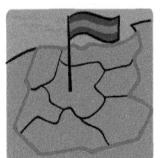

nemzet

国家

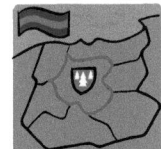

állam

国家

számlap

文字盤

kismutató

短針

nagymutató

長針

másodpercmutató

秒針

Mennyi az idő?

何時ですか？

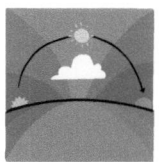

nap

日

idő

時間

most

現在

digitális óra

デジタル時計

perc

分

óra

時間

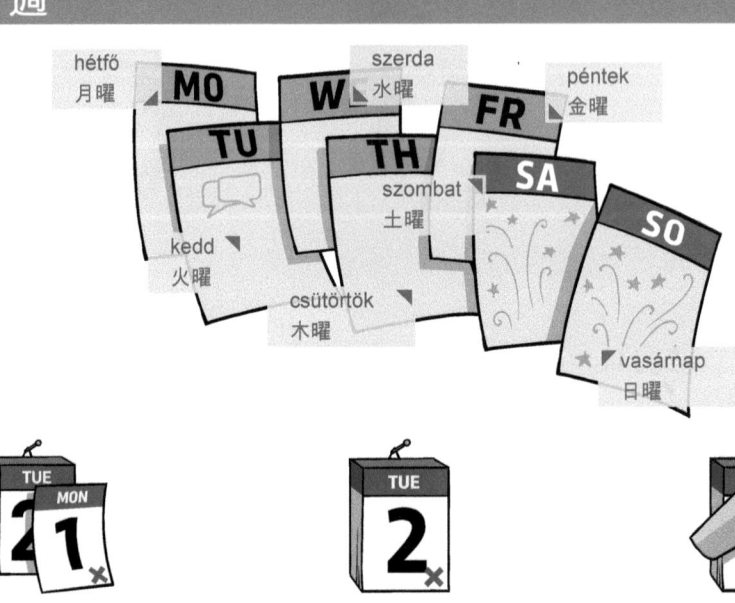

hétfő 月曜 — MO
szerda 水曜 — W
péntek 金曜 — FR
TU
TH
SA
kedd 火曜
szombat 土曜
csütörtök 木曜
SO
vasárnap 日曜

tegnap

昨日

ma

今日

holnap

明日

reggel

朝

dél

昼

este

夜

hétköznap

営業日

hétvége

週末

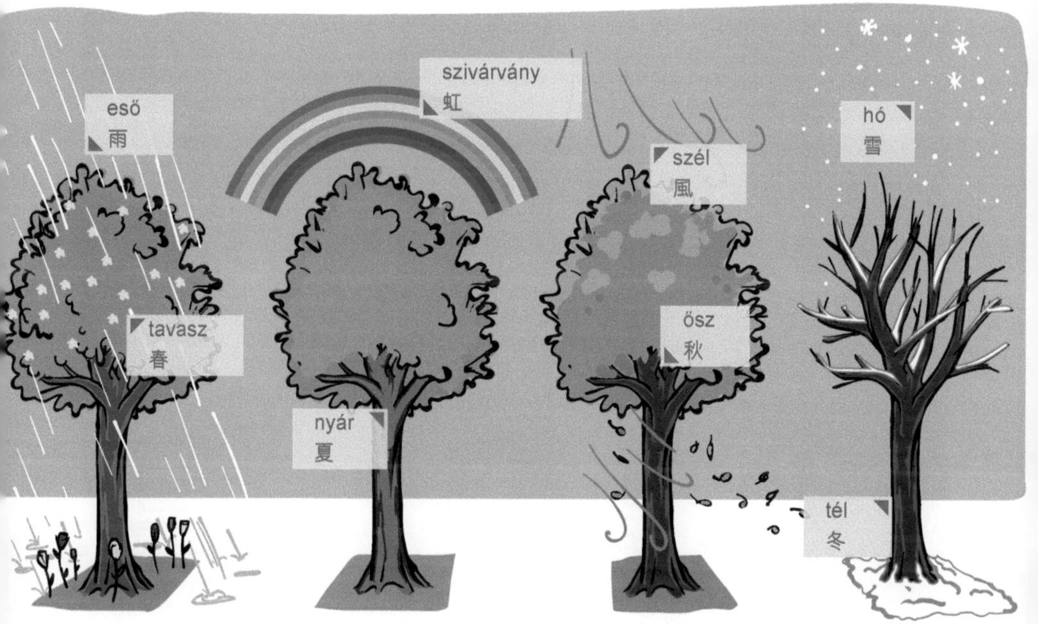

eső
雨
szivárvány
虹
szél
風
hó
雪
tavasz
春
ősz
秋
nyár
夏
tél
冬

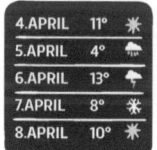

4.APRIL 11°
5.APRIL 4°
6.APRIL 13°
7.APRIL 8°
8.APRIL 10°

időjárás előrejelzés

天気予報

F C
120 40
90 30
60 20
30 10
0 0
-30 -10
-20

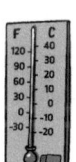

hőmérő

温度計

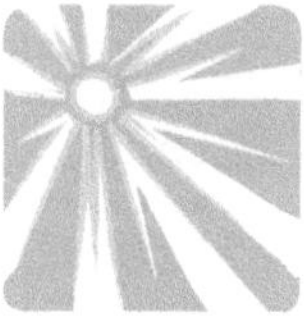

napsütés

日差し

felhő

雲

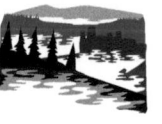

köd

霧

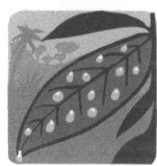

páratartalom

湿度

villámlás

雷

mennydörgés

雷

vihar

嵐

jégeső

ひょう

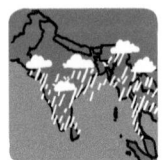

monszun

季節風

áradás

洪水

jég

氷

január

1月

február

2月

március

3月

április

4月

május

5月

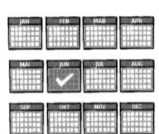

június

6月

július

7月

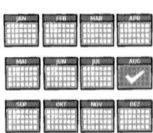

augusztus

8月

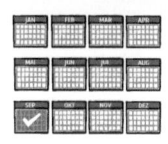

szeptember

·················

9月

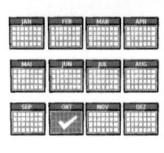

október

·················

10月

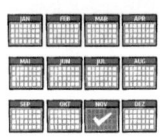

november

·················

11月

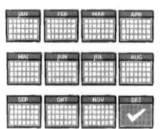

december

·················

12月

alakzatok

形

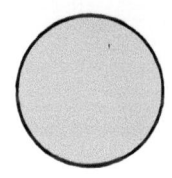

kör

·················

円

négyzet

·················

正方形

téglalap

·················

長方形

háromszög

·················

三角

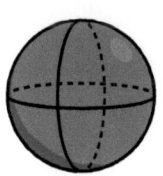

gömb

·················

球

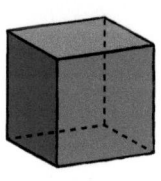

kocka

·················

立方体

fehér

白

sárga

黄

narancs

オレンジ

rózsaszín

ピンク

piros

赤

lila

紫

kék

青

zöld

緑

barna

茶

szürke

灰色

fekete

黒

sok / kevés

多い / 少ない

mérges / nyugodt

怒っている /
落ち着いている

szép / csúnya

美しい / 醜い

kezdet / vég

初め / 終わり

nagy / kicsi

大きい / 小さい

világos / sötét

明るい / 暗い

fivér / nővér

兄弟 / 姉妹

tiszta / koszos

清潔な / 汚い

teljes / nem teljes

完全な / 不完全な

nappal / éjszaka

日中 / 夜

halott / élő

死んだ / 生きている

széles / keskeny

幅広い / 狭い

ehető / nem ehető

食べられる /
食べられない

gonosz / kedves

悪意のある / 親切な

izgatott / unott

興奮している /
退屈している

kövér / vékony

太った / 痩せた

első / utolsó

最初に / 最後に

barát / ellenség

友人 / 敵

teli / üres

いっぱいの / 空の

kemény / puha

硬い / 柔らかい

nehéz / könnyű

重い / 軽い

éhség / szomjúság

空腹 / 喉の渇き

betegség / egészség

病気の / 健康な

illegális / legális

違法な / 合法な

intelligens / buta

賢い / 愚かな

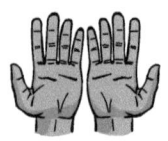

bal / jobb

左に / 右に

közel / távol

近い / 遠い

új / használt

新しい / 中古の

semmi / valami

何もない / 何かある

idős / fiatal

老いた / 若い

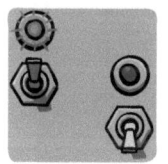

be / ki

オン / オフ

nyitva / zárva

開いている /
閉まっている

csendes / hangos

静かな / うるさい

gazdag / szegény

裕福な / 貧乏な

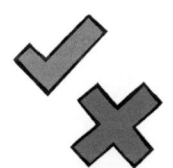

helyes / helytelen

正しい / 間違っている

érdes / sima

粗い / なめらか

szomorú / vidám

悲しい / 幸せな

rövid / hosszú

短い / 長い

lassú / gyors

ゆっくり / 速い

nedves / száraz

濡れた / 乾いた

meleg / hideg

温かい / 冷たい

háború / béke

戦争 / 平和

0

nulla

ゼロ

1

egy

1

2

kettő

2

3

három

3

4

négy

4

5

öt

5

6

hat

6

7

hét

7

8

nyolc

8

9

kilenc

9

10

tíz

10

11

tizenegy

11

12

tizenkettő

12

13

tizenhárom

13

14

tizennégy

14

15

tizenöt

15

16

tizenhat

16

17

tizenhét

17

18

tizennyolc

18

19

tizenkilenc

19

20

húsz

20

100

száz

100

1.000

ezer

1000

1.000.000

millió

100万

angol

英語

amerikai angol

アメリカ英語

mandarin kínai

中国標準語

hindi

ヒンディー語

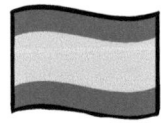

spanyol

スペイン語

francia

フランス語

arab

アラビア語

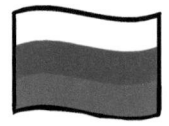

orosz

ロシア語

portugál

ポルトガル語

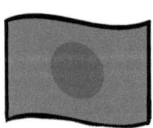

bengáli

ベンガル語

német

ドイツ語

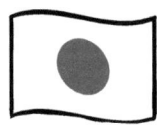

japán

日本語

én

私

te

あなた

ő

彼 / 彼女 / それ

mi

私たち

ti

あなたたち

ők

彼ら

ki?

誰？

mi?

何？

hogyan?

どうやって？

hol?

どこ？

mikor?

いつ？

név

名前

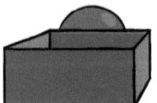

mögött

後ろ

benne

中

elötte

前

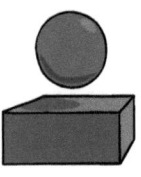

felette

上

rajta

上

alatta

下

mellett

横

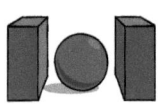

között

間

hely

場所